용선생 처음 세계사 2

산업 혁명~현대

글 사회평론 역사연구소
그림 뭉선생, 윤효식 | 캐릭터 이우일

사회평론

차례

1 혁명의 시대

1. 세계를 뒤바꾼 산업 혁명 … 8
2. 미국의 탄생과 프랑스 혁명 … 18
3. 같은 민족끼리 나라를 만들다 … 28

정리왕 36
역사야 놀자 38

2 세계를 집어삼킨 제국주의

1. 유럽이 세계를 집어삼키다 … 42
2. 유럽에 무릎을 꿇은 중국 … 52
3. 새로운 강자가 된 일본 … 62

정리왕 72
역사야 놀자 74

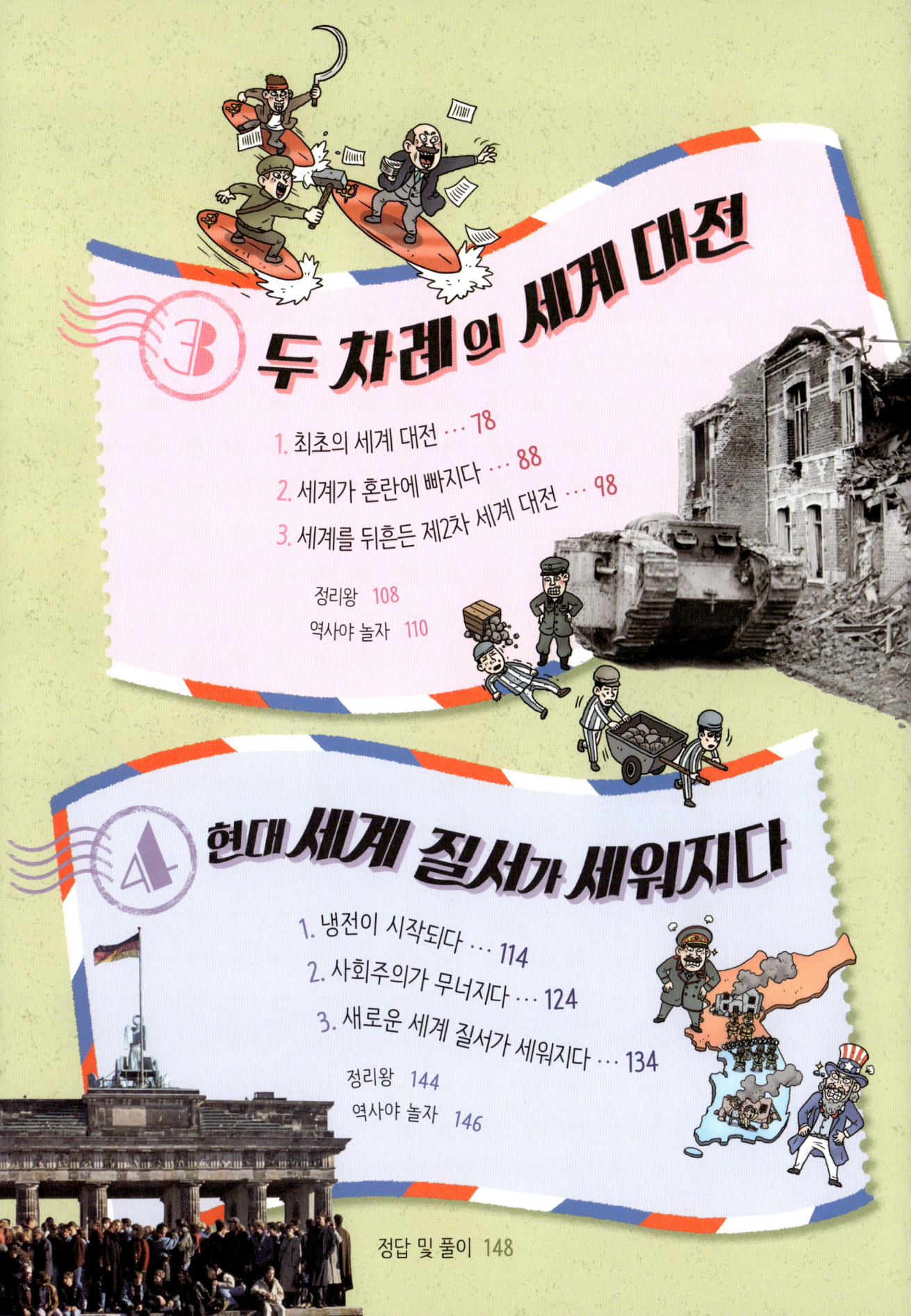

3 두 차례의 세계 대전

1. 최초의 세계 대전 … 78
2. 세계가 혼란에 빠지다 … 88
3. 세계를 뒤흔든 제2차 세계 대전 … 98

정리왕 108
역사야 놀자 110

4 현대 세계 질서가 세워지다

1. 냉전이 시작되다 … 114
2. 사회주의가 무너지다 … 124
3. 새로운 세계 질서가 세워지다 … 134

정리왕 144
역사야 놀자 146

정답 및 풀이 148

1 혁명의 시대

오늘날 우리는 복잡한 기계와 높은 빌딩이 가득한 세상에 살고 있어.
또 국민들의 투표로 나라의 지도자를 뽑고, 법과 제도를 만들지.
더 이상 왕도, 귀족도 상관없이 모든 국민은 평등한 권리를 누린단다.
과연 우리가 사는 세상은 어떻게 이런 모습이 된 걸까?
지금부터 들려줄 혁명 이야기를 잘 듣다 보면 알 수 있을 거야.

산업 혁명이 일어나다

미국이 독립하고 발전하다

기계가 등장하다

전 세계에서 장사를 하던 유럽 사람들은 늘 이런 고민을 했어.

"어떻게 하면 더 많은 물건을 더 빠르게 만들 수 있을까?"

고민 끝에 유럽 사람들은 사람 대신 일하는 기계를 **뚝딱뚝딱** 만들어 냈어! 기계는 먹지도 쉬지도 않아. 사람보다 힘도 세고 훨씬 빠르지.

"우아, 이런 쇳덩어리가 움직이다니?!"

유럽 사람들의 눈이 휘둥그레졌어. 이렇게 **산업 혁명**이 시작됐단다.

발명 또 발명!

기계가 빠른 속도로 물건을 만들자, 이번에는 그 물건을 이리 저리로 옮길 기계가 필요했어. "척척폭폭! 부아아앙~"

증기 기관
물이 끓을 때 발생하는 증기의 힘을 이용해 움직이는 기계야.

이때 증기 기관을 이용하는 **증기기관차**가 등장했지! 증기기관차는 많은 짐과 사람을 손쉽게 옮겨 주었어. 강과 바다에도 **증기선**이 등장해서 짐과 사람을 실어 날랐지.

놀라운 발명은 계속 이어졌어. 크고 복잡한 도시에는 **지하철**이 등장했고, **전기**가 발명돼서 밤이 되면 거리마다 **전등**이 불을 밝혔지.

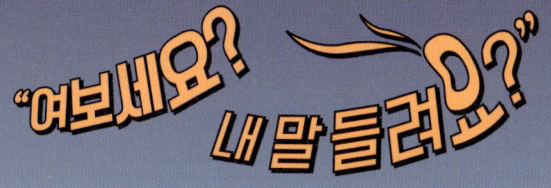

"여보세요? 내 말 들려요?" 전화도 등장했어.
이제는 편지를 보내지 않고도 먼 곳까지
쉽게 소식을 전할 수 있게 됐지.

헉헉

후다다닥

와, 지금이 낮인겨 밤인겨?

폭 폭

산업 혁명이 퍼지다

산업 혁명은 **영국**에서 시작됐어. 영국은 유럽에서 상인들이 가장 활발하게 활동하는 나라였거든. 영국 곳곳에는 최첨단 기계가 가득한 **공장**이 세워졌어. 도시와 마을을 잇는 **철도**도 거미줄처럼 촘촘하게 깔렸지. 또 영국에서 만든 물건은 날개 돋친 듯 전 세계로 팔려나갔어.

신기한 발명품이 가득!

"자, 우리 나라의 대단한 발명품을 한번 보시라~!"

세계 각국은 박람회를 열어서 자기들이 발명한 여러 발명품을 전시했어. 박람회에는 세계 최초의 자동차와 전구 등 신기한 **발명품**이 **마구마구** 쏟아져 나왔단다. 수백만 명이 박람회를 보러 몰려들었고, 모두들 과학의 발전에 감탄하며 **깜짝** 놀랐지!

박람회
다양한 분야의 물건을 모아 놓고 선보이는 전시회를 말해.

불만으로 들끓는 노동자들

하지만 모두가 즐거웠던 건 아니야. 돈 없는 **노동자**들은 먹고살기 위해 온종일 *끙끙* 일만 해야 했거든. 심지어 예닐곱 살짜리 아이도 밤낮없이 일했지. 하지만 이렇게 일해도 버는 돈이 **너무** 적어서 먹고살기가 힘들었어. 공장주들은 이렇게 호통만 쳤지.

"일할 사람 많으니까, 불만 있으면 나가!"

노동자들의 불만은 당장이라도 터질 듯 **부글부글** 끓어올랐어.

역사반 자유 시간

얘들아, 안녕?
응? 이건 뭐지?
안녕하세요, 전 용봇입니다.
제가 앞으로 용선생님 대신 아이들을 가르칠 겁니다.
제 IQ는 1,000이고 모르는 게 없습니다. 삐리삐리~
뭐… 뭐라고?

선생님, 이제 용봇이 있으니 선생님은 없어도 될 것 같아요.
그동안 감사했습니다. 안녕히 가세요!
헉! 얘들아~ 안돼!
선생님~ 언제까지 주무실 거예요~
휴우~ 꿈이었구나!

 **더 생각해 보기**

휴, 역사반이 진짜로 용봇한테 넘어가는 줄 알고 놀랐지 뭐야!
산업 혁명 이후 사람이 할 일을 기계가 대신하자 세상의 모습도 많이 변했지. 어떻게 변했더라?

아메리카에 식민지가 건설되다

유럽 사람들은 바다 너머 아메리카 대륙에도 많이 건너갔어. 특히 종교의 자유를 바라는 사람과 가난한 영국인이 가장 많았지. 아메리카 대륙에는 점차 영국인의 마을과 도시가 생겼어.

"여기는 이제 우리 땅이야! 얼른 꺼져버려!"

영국 사람들은 총을 앞세워 원주민들을 내쫓았어. 머지않아 아메리카 대륙의 해안은 온통 영국의 식민지가 되었단다.

1776년 미국 독립 선언

미국이 탄생하다

그런데 아메리카 식민지 사람들은 영국 왕을 엄~청 싫어했어. 영국 왕은 머나먼 바다 건너에 있어서 별 도움도 되지 않는데 세금만 많이 걷으려고 했거든. 결국 식민지 사람들은 똘똘 뭉쳐서 이렇게 선언했지.

"영국은 식민지에서 손 떼라! 우리는 독립해 새로운 나라를 세우겠다!"

그리고 영국과 전쟁을 벌인 끝에 승리해 독립을 이루었어. 이렇게 탄생한 나라가 바로 **미국**이야!

미국의 남부에는 **흑인 노예**를 부리는 대농장이 많았어.
북부 사람들은 같은 인간을 노예로 부려선 안 된다며 풀어주라고 요구했지.
하지만 남부 사람들은 **버럭버럭** 반발했어.

**"노예 없이 이 많은 일을 누가 해?
그럴 순 없지! 전쟁이다!"**

미국은 **남과 북**으로 나뉘어 치열하게 전쟁을 벌였어.
많은 사람이 죽고 다쳤지만, 결국 북부가 승리하며 **노예 제도는 폐지** 됐지.

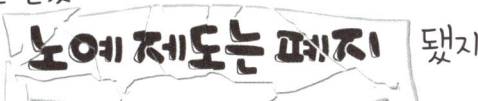

빠르게 성장하는 미국

"우리 미국은 이제 세계 최고의 국가가 될 거야!"

전쟁이 끝난 뒤 미국 사람들은 힘을 **하나로** 모았어.
넓은 영토와 풍부한 자원 덕에 미국은 놀라울 정도로 빨리 발전했지.
큰 도시와 공장이 잇달아 만들어졌고, 짐과 사람이 손쉽게 오가도록
철도도 거미줄처럼 **촘촘**하게 놓였단다.

프랑스에서 혁명의 불길이 치솟다

그 무렵, **프랑스**는 대혼란에 빠져 있었어. **잦은 전쟁**과 **무거운 세금** 때문에 가난한 평민들은 쫄쫄 굶어 죽을 지경이었지. 그런데도 귀족과 왕족들은 신경조차 쓰지 않았어.

"이러다가 우리 모두 굶어 죽는다! 다 엎어버리자!!"

결국 평민들은 **무기를 들고 일어나** 귀족과 왕족을 닥치는 대로 공격했지.

프랑스에서 혁명이 시작된 거야!

혁명: 예전의 질서를 완전히 뒤엎고 새로운 질서를 만드는 일이야.

1789년 프랑스 대혁명

우린 다 굶어 죽게 생겼는데!

일단 살고 보자!

쾅

우르르르

헐...

쩝쩝

이제 프랑스는 모든 국민이 평등하게 살아가는 국가다!

프랑스는 완전히 다른 나라로 다시 태어났어.
귀족과 평민의 구분도 없어졌고, 가난한 농민들에게는 땅을 **팍팍** 나눠 주었지.
개혁이 못마땅했던 국왕은 몰래 다른 나라의 힘을 빌려 개혁을 막으려 했단다.
이 계획이 들통나자 화가 난 프랑스 사람들은 **국왕을 처형**했어!

프랑스를 지키자!

왕이 처형됐다는 소식에 온 유럽이 **깜짝** 놀랐어.

유럽의 거의 모든 나라가 사방에서 군대를 이끌고 프랑스로 쳐들어왔지. 프랑스는 꼭 **바람 앞의 등불**처럼 위태로워 보였어. 그런데 이때!

"이러다가 우리 나라에서도 혁명이 터질지 몰라!"

"프랑스가 위험하다! 모든 프랑스인은 힘을 합쳐 싸우자!"

와! 온 프랑스 사람들이 무기를 들고 일어났어! 프랑스인들은 나라를 지키기 위해 **정말 용감히 싸웠단다.**

온 유럽을 정복한 나폴레옹

이때 프랑스에 **나폴레옹**이라는 장군이 바람처럼 나타났어. 나폴레옹은 싸우는 **족족** 승리를 거두더니 결국 온 유럽을 정복했지. 그러자 다른 유럽 국가에서도 프랑스처럼 **개혁**이 시작됐어. 귀족과 평민의 구분이 사라지고, 모든 사람이 평등한 나라가 되었지.

콧대가 한층 높아진 나폴레옹은 자신이 유럽의 **황제**라고 선언했단다.

역사반 자유시간

더 생각해 보기

나도 이제 원하는 바가 있으면 당당하게 요구해서 쟁취해야지!
프랑스 국민도 똘똘 뭉쳐서 혁명을 일으켰잖아.
근데 그 이유가 뭐였더라?

3. 같은 민족끼리 나라를 만들다

독일 통일 선포
독일 황제와 군인들이 프랑스의 베르사유 궁전에서 독일 통일을 선포하는 장면이야.

혁명은 이제 그만!

기세등등하던 나폴레옹도 유럽 여러 나라가 또다시 힘을 합쳐 맞서자 결국 전쟁에서 지고 말았어. 유럽 여러 나라들은 나폴레옹을 쫓아낸 뒤 한데 모여 이렇게 약속했지.

"다시는 혁명 같은 건 꿈도 꾸지 맙시다!"

그리고 지금까지 진행된 모든 개혁을 **무효**로 만들기로 했단다.

꺼지지 않는 혁명의 불길

"누구 맘대로 옛날로 돌아간다는 거야?"

유럽 사람들은 모든 개혁을 무효로 한다는 결정에 화가 났어. 그래서 무기를 들고 왕과 귀족에게 맞서 **강하게 저항**했지.

결국 유럽 여러 나라들은 조금씩 개혁을 진행할 수밖에 없었어. 다시 평민과 귀족의 구분을 없애고, **투표**로 나라의 지도자를 뽑게 됐지.

"끔~ 안 되겠다, 조금씩이라도 개혁을 해야겠어!"

그런데 처음에는 모든 국민이 아니라 **일부 돈 많은 사람**만 투표를 해서 나라의 지도자를 뽑았어. 심지어 **여성**은 아예 투표권이 없었지!

"가난한 노동자에게도 투표할 권리를 달라!"

와아아! 시민 수만 명이 매일 시위를 벌이자 각국 정부는 차례로 두 손을 들었어. 그 결과 차차 모든 시민이 **평등하게** 투표할 권리를 갖게 되었단다.

민족주의가 퍼지다

한편, 유럽에서는 이렇게 말하는 사람이 많았어. 이런 생각이 **민족주의**야. 민족주의는 세계 곳곳으로 **순식간에** 퍼졌어. 모두 프랑스처럼 **강력한 나라**를 만들고 싶었던 거지.

"프랑스 국민은 하나로 똘똘 뭉쳐서 유럽 최강의 나라가 됐어요! 우리도 우리 민족끼리 힘을 모으면 강해질 수 있지 않을까요?"

유럽 챔피언 프랑스, 그 힘의 비결은 민족주의!

짜잔

민족주의!!

민족주의와 함께라면 당신도 챔피언!

정말 민족주의만 있으면 강해질 수 있나?

민족주의? 같은 민족끼리 힘을 합치는 건가?

"이제는 우리도 우리 민족만의 나라를 세울 거야!"

민족주의가 퍼지자, 지금껏 다른 나라의 지배를 받았던 민족이나 통일된 나라를 이루지 못했던 민족들이 뭉뚱 뭉치기 시작했지. 그리스는 오스만 제국을 물리치며 꿈에 그리던 **독립**을 이루었고, 오랫동안 뿔뿔이 갈라져 있던 **이탈리아**와 **독일**은 **통일**을 이루려 했어.

통일된 독일이 프랑스에게 승리하다

"**독일이 통일되면 우리보다 강해지는 거 아냐?**" 독일의 옆 나라 프랑스는 **바짝** 긴장했어. 그래서 온갖 방법을 써서 독일의 통일을 막으려 했지.

"**우리를 방해하다니, 프랑스는 독일의 적이다!**" 화가 난 독일은 전쟁을 벌여 프랑스를 짓밟고 결국 통일을 이루었단다. 통일된 독일은 유럽의 최강국으로 우뚝 섰어.

역사반 자유 시간

더 생각해 보기

헤헤. 착각하긴 했지만 역사반이 하나로 뭉치니까 힘이 불끈불끈 솟던데?
역사적으로도 국민이 하나로 똘똘 뭉친 나라는 큰 힘을 발휘했어.
그런데 **국민을 하나로 뭉치게 한 힘은 과연 무엇이었을까?**

_____

_____

왕수재의 정리왕!

1. 세계를 뒤바꾼 산업 혁명

- 증기기관차와 전화, 전등 등 새로운 기계가 잇달아 발명됨.
- 영국에서 시작된 산업 혁명은 온 유럽으로 빠르게 퍼짐.
- 가난에 고통받던 노동자들의 불만이 쌓이며 사회주의가 세계 곳곳으로 퍼짐.

2. 미국의 탄생과 프랑스 혁명

- 영국의 식민지였던 미국은 전쟁을 통해 독립을 이룸.
- 프랑스는 혁명을 통해 귀족과 평민의 구분이 없는 나라로 다시 태어남.
- 혁명이 터질 것을 두려워한 주변 나라들은 프랑스를 공격함.
- 나폴레옹이 프랑스군을 이끌고 유럽을 정복한 뒤 온 유럽에서 개혁이 이루어짐.

3. 같은 민족끼리 나라를 만들다

- 유럽 여러 나라가 힘을 모아 나폴레옹을 몰아내고 개혁을 취소하려 함. 하지만 유럽 사람들의 저항 때문에 개혁은 조금씩 이루어짐.
- 같은 민족끼리 힘을 합쳐 강한 나라를 건설하려는 민족주의가 퍼져 나감.
- 독일은 통일 국가를 이루고 유럽의 새로운 강국으로 성장함.

슈퍼 천재 왕수재가 1분 만에 정리해 줄게!

숨겨진 키워드를 찾아라

아래 힌트를 보고 답을 찾아봐!

🔍 키워드 찾기 힌트

1. 물을 끓일 때 발생하는 증기의 힘으로 움직이는 기차야. (증○○○○)

2. 새로운 기계가 잇달아 발명되며 세계의 모습이 뒤바뀐 사건이야. 영국에서 시작돼 전 유럽으로 퍼졌지. (산○ ○○)

3. 유럽 국가들은 '○○ ○○회'를 열어 새로운 발명품을 전시하고 자랑했어.

4. 아메리카 대륙 해안의 식민지로 만들어졌다가 전쟁을 통해 독립한 나라야. (○국)

5. 미국은 흑인 '노○'를 부리는 문제를 두고 둘로 갈라져 전쟁을 벌였어.

6. 이 나라 사람들은 가난과 무거운 세금에 시달리다가 무기를 들고 일어나 혁명을 일으켰어. (프○○)

7. 프랑스의 '나○○○'은 온 유럽을 정복한 뒤 황제의 자리에 올랐어.

8. 같은 민족끼리 뭉쳐서 나라를 만들어야 한다는 생각이야. (민○○○)

9. 유럽의 이 나라는 통일을 이루고 프랑스와의 전쟁에서 승리하며 새로운 강국으로 떠올랐어. (독○)

여기는 제1회 **만국 박람회**가 열리고 있는 런던의 **수정궁**이야. 역사반 친구들도 다 같이 구경하러 왔지. 그런데 이런! 사람이 너무 많고 복잡해서 그만 길을 잃어버리고 말았지 뭐야! 우리 함께 용선생을 도와 역사반 친구들을 모두 데리고 무사히 출구로 가는 길을 찾아 볼까?

2 세계를 집어삼킨 제국주의

유럽의 몇몇 나라들은 세계를 주름잡는 강력한 나라가 되었어.
하지만 제때 개혁을 하지 못한 나라들은 크게 뒤처졌지.
인도는 영국의 식민지가 되었고, 중국의 청나라는 무너져 버렸어.
반면 개혁에 성공한 일본은 아시아의 새로운 강국이 되었단다.
그럼 세계를 휩쓴 제국주의 시대로 떠나 보자!

영국과 프랑스가 세계를 점령하다

청나라가 위기에 빠지다

1. 유럽이 세계를 집어삼키다

제국주의 풍자화
아프리카에 식민지를 건설한 영국을 거인처럼 표현한 신문 만화야.

이게 다 영국 차지라고?

세계 곳곳이 유럽의 식민지가 되는 과정을 알아보자!

키 엄청 크다!

세계를 집어삼키려 나선 유럽

산업 혁명을 거친 유럽 여러 나라는 돈을 많이 벌었어.
또 놀라운 성능을 가진 무기를 발명해 군사력도 막강해졌지.

"우리를 막을 자 누구냐! 그냥 힘으로 밀어붙여!"

콰과광! 영국과 프랑스 등 유럽의 몇몇 나라들은 힘을 앞세워 세계 곳곳을 맘대로 **식민지**로 삼으려 했어. 이 시대를 **제국주의 시대**라고 해.

무너지는 오스만 제국

한편, 한때 유럽을 위협했던 **오스만 제국**은 점점 약해졌어.
유럽의 여러 나라는 오스만 제국 영토를 야금야금 빼앗았지.
그동안 오스만 제국의 지배를 받았던 나라들도 독립했단다.

"에고, 그 많던 땅이 반이나 사라졌네, 아~옛날이여!"

푸슈우웅~ 이제 오스만 제국은 바람 빠진 풍선처럼 쪼그라들었어.

"이대로는 안 되겠다. 우리도 나라를 바꿔보자!"

오스만 제국은 개혁에 나섰어. **신식 군대**도 만들고 **유럽의 정치 제도**도 도입했지. 하지만 **이슬람교 성직자들**이 무함마드의 가르침에 어긋난다며 개혁에 반대했고, **유럽인들**도 끈질기게 개혁을 방해하려 들었어. 그래서 오스만 제국의 개혁은 큰 성과를 이루지 못했단다.

영국의 손에 들어간 인도

오랜 역사를 자랑하는 **인도**도 유럽의 침략을 받았어.
특히 **영국**과 **프랑스**가 앞서거니 뒤서거니 인도 침략에 나섰지.

"야, 영국! 인도는 우리 거야! 다른 데 알아보셔!"

"어쭈? 어디 한 번 붙어볼래?"

우당탕탕! 치열한 전쟁 끝에 영국은 프랑스를 인도에서 몰아냈어.
그리고 혼자서 인도를 야금야금 집어삼켰단다.

영국은 인도에서 세금을 **마구마구** 거두었어. 게다가 인도 사람들을 **야만인** 취급하며 사사건건 차별했지.

"이대로 당하고 있을 순 없다! 영국을 몰아내자!"

으쌰으쌰! 드디어 인도인들의 불만이 폭발했어!
하지만 영국은 인도인의 저항을 물리치고 인도를 완전히 식민지로 만들었단다.
인도는 100년 가까이 영국의 지배를 받았어.

세계인이 고통에 시달리다

식민 지배를 받으며 세계인은 큰 고통에 시달렸어. 유럽인은 원주민을 **노예처럼 부리며** 다이아몬드나 금 같은 귀금속을 캐냈고, 원주민이 반항하면 기관총을 **두두두두!** 마구 쏴서 죽이기도 했지.

"흥, 힘센 나라가 약한 나라를 다스리는 게 당연하지!"

사람들이 비난하면 유럽 사람들은 오히려 이렇게 큰소리를 쳤단다.

역사반 자유 시간

힝, 우리 건 줄 알고 마음대로 나눠 먹었다가 진짜 놀랐지 뭐람.
근데 제국주의 시대 여러 유럽 나라들도 세계 곳곳을 자기들 맘대로 갈라 먹었어! 그래서 어떤 일이 생겼는지 알고 있니?

마약 때문에 시작된 전쟁

1840년 아편 전쟁 발발

마약: 헛것을 보거나 기분을 좋게 만들어서 사람을 중독시키는 약물이야.

영국은 돈을 더 많이 벌려고 청나라에 아편을 팔았어. 아편은 매우 위험한 마약이지. 영국의 아편이 마구마구 팔려나가자 청나라는 완전 엉망이 되었단다.

"아편 파는 사람, 사는 사람 다 잡아들여! 아편도 싹 다 갖다 버려!"

청나라는 아편 파는 걸 금지했어. 그러자 영국은 벌컥 화를 냈지.

"누구 맘대로 장사를 못 하게 막아? 대포 맛 좀 볼래?"

이렇게 전쟁이 터졌어. 바로 아편 전쟁이지!

"으아악! 저런 대포는 난생 처음이야!"

콰과광! 청나라는 영국의 강력한 무기에 밀려 완전히 패배했어. 영국은 항구 도시 **홍콩**을 빼앗고, 중국에서 장사도 자유롭게 할 수 있게 됐지. 이걸로 모자라 영국은 몇 년 뒤 다른 유럽 나라와 손잡고 한 번 더 전쟁을 벌였어. 청나라는 또 무릎을 꿇었고, 이번에는 돈까지 **왕창** 빼앗겼단다.

"뭐야, 강력한 줄 알았더니 그냥 동네 북이구만?"

유럽 여러 나라가 **낄낄**대며 청나라를 비웃었어.

중국을 뒤흔든 태평천국

두둥! 이 무렵 중국에 그리스도교를 본뜬 새로운 종교가 나타났어.
이 종교는 세상 모든 사람이 **평등하다**고 주장해 인기를 끌었단다.
급기야 **태평천국**이라는 나라를 세우고 청나라에 맞서 전쟁을 일으켰지.

"썩어 빠진 청나라를 무너뜨리고 지상 천국을 만들자!"

이미 힘이 빠진 청나라는 태평천국과 싸우느라 **쩔쩔** 맸어.
또 전쟁 통에 **수많은 사람**이 목숨을 잃었지.

1851년 태평천국 건국

서양 문물을 배우자!

이제 사람들은 청나라가 변해야 한다고 생각했어.

"서양식으로 군대를 만들고 기술을 키우자. 우리도 강해져야지!"

청나라는 서양에서 최신 무기를 사 오고 신식 군대를 만들었어. 또 전국 곳곳에 칙칙폭폭 철도를 놓고 공장도 세웠지. 앞선 기술을 배워오라고 유럽, 미국, 일본으로 유학생도 보냈단다.

청일 전쟁에서 패배하다

그런데 이때 **일본**도 한창 서양 기술을 배우는 중이었어.
일본은 최신 무기를 앞세워 조선을 야금야금 침략했지.
청나라는 일본이 못마땅했단다. 조선은 **청나라의 신하**라고 생각했거든.

일본과 청나라는 조선에서 전쟁을 벌였어.
청일 전쟁이 터진 거야. 그런데 이게 웬일?
청나라가 일본에게 일방적으로 지고 말았어!

개혁에 실패하다

"아니, 우리도 최신 무기로 무장했잖아? 도대체 왜 진 거지?"

청일 전쟁에서 진 청나라는 곰곰이 생각에 잠겼어.
그래서 무기나 기술뿐 아니라 **제도와 문화**까지도 서양에서 들여오기로 했지.
유럽식 학교를 **뚝딱뚝딱** 세우고, 관리를 뽑는 시험도 서양식으로 바꾸기로 했단다.

"아니, 멀쩡한 제도를 왜 바꿔? 절대 안 돼!"

하지만 변화를 바라지 않는 사람이 너무 많았어. 결국 개혁은 실패로 끝나고 말았지.

중화민국이 들어서다

이래도 실패하고~ **저래도** 실패하고~
청나라가 **허둥대는** 동안 중국은 점점 혼란으로 빠져들었어.
먹을 것이 없어 굶주리는 사람이 늘어났고, 유럽인들의 침략도 점점 심해졌지.
젊은 지식인들은 청나라는 이미 틀렸다고 생각했어.
그래서 청나라를 무너뜨리고 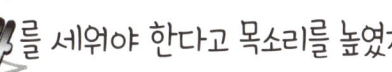를 세워야 한다고 목소리를 높였지.

1912년 중화민국 건국

이때 **쑨원**이라는 사람이 나타났어. 쑨원은 이렇게 주장했단다.

청나라의 만주족을 몰아내고 한족의 나라를 세우자!

모든 국민이 평등한 권리를 누리는 나라를 만들자!

모든 국민이 나라 땅을 골고루 나눠 갖게 하자!

쑨원의 생각을 따르는 사람은 점점 늘어났고, 결국 혁명이 일어나 청나라는 와르르 무너졌어. 그리고 새로운 나라 **중화민국**이 세워졌지. 중화민국은 아시아 최초의 **민주주의 국가**였단다.

역사반 자유 시간

더 생각해 보기

히히, 역사 공부가 너무 재밌어서 중독됐나 봐! 하지만 뭐든 시간과 장소는 가려야겠지?
청나라 사람들도 무언가에 중독됐었어. 중독된 것은 무엇이었고, 어떤 일이 벌어졌을까?

미국에서 온 검은 배

중국이 아편 전쟁에서 패배하고 몇 년이 지난 뒤, 일본 앞바다에 미국의 검은 배가 **무시무시한** 연기를 내뿜으며 나타났어.

"청나라 지는 거 봤지? 너희도 당하기 싫으면 물건 팔게 해줘!"

덜덜덜~ 겁에 질린 일본은 나라의 문을 활짝 열었단다. 그리고 미국을 시작으로 유럽의 여러 나라와도 **불평등한 조약**을 연달아 맺었어.

> **조약** 나라와 나라 간에 맺은 약속을 말해.

천황을 중심으로 똘똘 뭉쳐라!

외국과의 불평등한 조약 때문에 일본 사람들은 점점 살기 힘들어졌어.
이게 다 무턱대고 나라 문을 연 정부 때문이라며 **정부에 화가 난 사람**이 늘어났지.

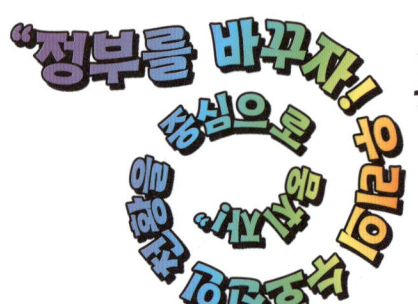

으쌰으쌰! 이들은 유럽의 **강력한 신무기**로
무장하고, 정부와 전쟁을 벌인 끝에 승리했어!
그리하여 일본에는 **천황**을 깍듯이 모시는 새 정부가
탄생했지.

머리부터 발끝까지 서양식으로!

새 정부는 일본을 **강한 나라**로 만들려고 개혁을 시작했어.

"우리보다 발전한 서양을 철저히 따라 배워야 해!"

먼저 높은 관리와 학자들이 서양의 **발전된 모습**을 둘러봤어.
뒤이어 똑똑한 학생들을 유학 보내 앞선 기술과 학문을 배워 오게 했지. 이들은 일본 사회를 **머리부터 발끝까지** 서양식으로 뜯어고쳤단다. 이걸 **메이지 유신**이라고 불러.

1868년 메이지 유신

"우와~ 여기가 정말 일본 맞아?"

메이지 유신을 거치며 일본 사회는 하루가 다르게 변했어.
거리에는 서양식 건물이 들어섰고 **칙칙폭폭** 기차가 오갔지.
남자들은 머리를 짧게 자르고 양복에 구두 차림을 했어.
아이들은 새 학교에서 어릴 때부터 **서양식 교육**을 받았지.
일본이 유럽 국가처럼 변한 거야!

일본이 아시아 침략에 나서다

이제 일본은 서양처럼 **식민지 개발**에 나섰어. 첫 목표는?
맞아, 바로 옆 나라 **조선**이었어. 일본은 새로 장만한 **큰 배**를 보내 조선을 협박했지.
"조선 땅에서 장사 좀 하자! 싫어? 뜨거운 대포 맛 좀 볼래?"
미국이 일본을 위협했던 것과 똑같지? 조선은 덜덜 떨며 일본과 불평등한 조약을 맺어야 했어.

너희들 **청나라**와 **일본**이 전쟁을 벌였던 거 기억나지?
일본은 청일 전쟁에서 승리한 이후 더욱 막강해졌어.
지금껏 아시아 최고 국가였던 청나라의 코를 납작하게 만든 데다
타이완섬을 빼앗아 식민지로 삼고 돈까지 두둑하게 받아 챙겼지!
"흐흐, 이제 아시아에서는 일본을 이길 나라가 없다구!"
그런데 이때, 뜻밖의 방해자가 나타났어!

일본이 러시아를 이기다

바로 찬바람이 쌩쌩~ 부는 강대국 **러시아**였어. 러시아는 너무나 추운 나라라 겨울이면 바다까지 꽁꽁 얼어버려. 그래서 따뜻한 조선을 호시탐탐 노렸단다. 일본은 러시아에게 조선을 빼앗길까 봐 걱정이었어. 그때, 러시아의 경쟁자인 **영국**이 일본에게 슬며시 다가왔지.

"너희가 조선 먹는 거 눈감아 줄게. 대신 러시아 확실히 막아 줘. 오케이?"

네 거, 내 거가 어디 있어?

조선 먹어도 좋으니까, 러시아 좀 막아 줘!

저놈은 왜 내 걸 건드리고 그래?

거대한 러시아와 **조그만** 섬나라 일본이 싸운다는 소식에 사람들은 누구나 러시아가 이길 거라고 생각했단다. 하지만 **두둥~!** 놀랍게도 일본이 승리했어!

"헐, 일본이 러시아를 이기다니! 대단한데?"

이제 유럽 여러 나라들은 누구도 일본을 우습게 보지 않았단다. 일본은 조선을 식민지로 삼았고, **아시아 최강 국가**로 우뚝 섰지.

역사반 자유시간

더 생각해 보기

수재 녀석한테 깜빡 속아 넘어갔다니까? 완전히 불평등한 약속이었어.
일본도 미국과 불평등한 조약을 맺었지?
그리고 일본은 어떻게 변했더라?

왕수재의 정리 왕!

1. 유럽이 세계를 집어삼키다

- 유럽의 몇몇 강국이 세계 곳곳에 식민지를 만듦.
- **오스만 제국**이 몰락하고 **인도, 동남아시아, 아프리카**의 많은 나라가 식민지가 됨.
- 식민지 사람들은 **노예** 취급을 받고 자원을 빼앗기며 큰 고통에 시달림.

2. 유럽에 무릎을 꿇은 중국

- 청나라는 **아편 전쟁**에서 패배하고 **태평천국**과 싸우며 혼란에 빠짐.
- 청나라는 서양식 무기와 제도를 들여오는 등 개혁을 추진했지만 실패함.
- **쑨원** 등의 지식인들이 청나라를 무너뜨리고 아시아 최초의 민주주의 국가 **중화민국**을 세움.

3. 새로운 강자가 된 일본

- 일본은 **미국**에 나라 문을 열고 불평등 조약을 맺음.
- 혼란 끝에 천황을 중심으로 하는 새로운 정부가 들어섬.
- **메이지 유신**으로 일본은 모든 면에서 유럽식 국가로 다시 태어남.
- 일본은 **청일 전쟁**과 **러일 전쟁**에서 승리하며 새로운 강국이 됨.

슈퍼 천재 왕수재가 1분 만에 정리해 줄게!

숨겨진 키워드를 찾아라

아래 힌트를 보고 답을 찾아봐!

🔍 키워드 찾기 힌트

1. 힘센 나라의 지배를 받는 나라나 지역을 뜻해. 우리나라도 한때 일본의 '식○○'였지.
2. '제○○○' 국가들은 힘과 기술을 앞세워 많은 나라에 영향력을 행사했어.
3. 프랑스의 라이벌로 세계를 지배한 유럽의 대표 강대국이야. (○국)
4. 마약의 일종인 아편 때문에 청나라와 영국은 '아○ ○○'을 벌였어.
5. '태○○○'은 청나라 말, 모두가 평등한 세상을 만들겠다며 한 종교 단체가 세운 새로운 나라야.
6. 청나라가 무너지고 세워진 아시아 최초의 민주주의 국가야. (중○○○)
7. 6의 국가를 세우는 데 중요한 역할을 했던 청나라 말기의 지식인이야. (쑨○)
8. 일본에서는 왕을 '하늘의 황제'라는 뜻의 이 단어로 불러. (천○)
9. 일본의 사회를 완전히 서양식으로 바꾼 개혁이야. (메○○ ○○)
10. 동아시아에서 각자 세력을 넓히던 러시아와 일본이 맞붙은 전쟁이야. (러○ ○○)

메이지 유신을 거치며 일본 사회는 서양식으로 빠르게 바뀌었어.
아래 그림은 메이지 유신 후에 일본의 수도 **도쿄**의 거리 모습을 그린 그림이야.
그런데 그림을 가만히 살펴보니까 시대를 너무 앞서간 풍경 **5개**가 보이네!
눈을 크게 뜨고 한번 찾아볼까?

3 두 차례의 세계 대전

이번에는 조금 슬픈 이야기를 해 볼 거야.
인류 역사상 가장 많은 사람이 희생된 전쟁을 이야기할 거거든.
또 세계 대전 와중의 엄청난 혼란에 대해서도 알아볼 거야.
오늘 우리가 누리는 평화가 얼마나 소중한 것인지,
평화를 지키려면 어떤 노력이 필요한지 생각해 보는 건 어떨까?

유럽 국가 간의 다툼이 심해지다

세계를 집어삼킨 유럽 국가들의 대결은 *점점 심해졌어.* 나중에는 자기들끼리 편을 갈라 싸웠지. 독일과 오스트리아가 한 편, 영국은 러시아, 프랑스와 한 편이 되었어.

"어이 너, 우리 편 건드리면 가만 안 둬!"
"누가 할 소리!"

다툼은 금방이라도 전쟁이 터질 듯 격렬해졌어. 그러던 어느 날…!

제1차 세계 대전이 터지다

"탕—!" 헉! 오스트리아 황태자가 총에 맞았어! 범인은 세르비아의 한 청년이었지. 오스트리아가 세르비아를 꿀꺽! 집어삼키려고 해서 화가 나 벌인 일이었어. 오스트리아는 길길이 날뛰며 세르비아를 공격하려 했지. 그런데 이때!

"야! 오스트리아, 세르비아 건드리면 가만 안 둔다?"

세르비아와 친했던 러시아가 나섰어! 그러자 이번에는…

독일과 영국, 프랑스가 부랴부랴 끼어들며 싸움은 걷잡을 수 없이 커졌어.
나중에는 영국과 프랑스의 식민지였던 나라는 물론, 저 멀리 일본과 중국도 참전해
사실상 **세계 모든 나라**가 전쟁을 벌였지.
그래서 이 전쟁을 **제1차 세계 대전**이라고 불러.

참전: 전쟁에 참여한다는 뜻이야.

모든 국민이 전쟁에 뛰어들다

"세계 최강 독일이 같은 편이니 당연히 우리가 이기지!"
"영국이 도와주고 있으니 우리가 이기겠네?"

사람들은 저마다 **'우리 편이 더 강하다'**며 우쭐댔어.
애국심에 불탄 젊은이들은 나라를 위해 싸우겠다며 전쟁터로 향했지.
전쟁터에 나가지 못한 노인과 여자들은 공장에서 일하며
전쟁에 필요한 물건을 만들었단다. **모든 국민**이 전쟁에 뛰어든 거야!

전쟁의 끔찍함에 모두 깜짝 놀라다

하지만 전쟁은 너무나도 끔찍했어. **기관총**과 **독가스** 같은 강력한 무기가 눈 깜짝할 새 많은 사람을 죽였지.
군인들은 깊이 파 놓은 참호 속에서 **옴짝달싹** 할 수조차 없었어. **참호** 밖으로 머리라도 내밀었다가는 순식간에 목숨을 잃을 수 있었거든. **천만 명**이 넘는 군인이 전쟁터에서 비참한 죽음을 맞았지.

> **참호**
> 적의 공격을 피하려고 만든 구덩이야.

"엄마, 오늘도 먹을 거 없어?"
"에구구, 한겨울인데 불을 피워 본 적이 언제인지…"

전쟁이 길어지자, 유럽 여러 나라는 물자가 부족해 늘 굶주림과 추위에 시달렸어. 그래서 당장이라도 **전쟁을 그만두어야 한다**고 생각하는 사람이 늘어났지. 특히 러시아와 독일 국민의 불만이 컸단다. 이 두 나라에서 사람도 가장 많이 죽고, 돈도 많이 썼거든.

전쟁이 마무리되다

"황제와 귀족들은 당장 물러나라! 지긋지긋한 전쟁을 끝내자!"

결국 **러시아**에서는 **혁명이 일어나** 새 정부가 들어섰고, 독일과 전쟁을 그만두었어. **독일**에서는 병사와 시민들이 들고 일어나 **황제를 내쫓고** 영국과 프랑스에게 항복했지. 제1차 세계 대전은 이렇게 막을 내렸어.

쇠퇴하는 유럽, 떠오르는 미국

전쟁은 유럽에 깊은 상처를 남겼어. 많은 사람이 죽었고, 공장과 건물은 잿더미가 되었지. 유럽의 여러 나라는 당장 피해를 복구할 돈이 없어 **쩔쩔** 맸어.
하지만 바다 건너 미국은 전쟁 덕에 큰 이득을 보았지.

"자, 자~ 돈 필요하면 빌려 가세요~ 단, 제때 갚아야 합니다!"

미국은 가난해진 유럽에 돈을 빌려주고, 물건을 팔면서 세계 제일의 **부자** 나라가 되었어.

역사반 자유시간

들었어? 선생님이 내일 저 요리 대회에 참가하신대!

응, 우수상은 투표로 뽑는대~

세계 요리 대회 우수상 현장 투표

우리가 선생님 1등 만들어 주자!

근데 먹어보지도 않고 투표해도 돼?

야, 우리 선생님이잖아!

얘들아, 해냈다! 내가 1등이야!

와! 축하드려요!

그럼 이제 선생님 요리 먹어볼까?

으엑! 이게 뭐야!

너무 맛없어요...

먹어보고 투표할 걸!

더 생각해 보기

으, 우리 선생님이라고 무작정 1등 만들어 주는 게 아니었어!
유럽의 여러 나라도 무작정 다른 나라 편을 들었다가 결국 큰 전쟁을 벌였지? 그 나라들이 왜 그랬는지 기억나니?

최초의 사회주의 국가 소련

제1차 세계 대전이 끝날 무렵 러시아에서 혁명이 일어났다고 했지?
그런데 **러시아 혁명**은 단순히 황제와 귀족을 내쫓는 걸로 끝나지 않았단다.

"러시아는 이제 노동자와 농민이 다스리는 나라가 될 겁니다."

혁명 지도자 **레닌**은 러시아를 완전히 **새로운 나라**로 만들기 위해 개혁을 시작했어.

러시아는 모든 땅과 재산을 국민이 함께 소유하는 나라로 거듭났어.
농장과 공장은 모두가 '다 함께 주인'인 공동 작업장이 되었지.
레닌은 누구나 열심히 일한 만큼 자기 몫을 갖는 나라를 만들려고 한 거야.
이렇게 모든 재산을 함께 소유하고 관리하는 나라를 **사회주의 국가**라고 해.
최초의 사회주의 국가가 된 러시아는 나라 이름을 **소련**으로 바꾸었지.

세계로 퍼지는 사회주의 혁명

러시아가 사회주의 국가 소련으로 다시 태어났다는 소식이 빠르게 퍼졌어. 그러자 세계 많은 나라가 소련과 관계를 끊었지. 자기 나라에서도 러시아처럼 혁명이 일어날까 봐 **덜덜** 겁이 났거든. 소련은 사회주의를 퍼뜨리기 위해 세계 곳곳에 사람을 보냈어.

독립을 외친 세계 각국 지도자들

유럽의 여러 나라는 전쟁에 힘을 너무 쏟아부은 나머지 힘이 푸쉬쉬~ 빠졌어. 그러자 세계 곳곳에서 유럽의 손아귀에서 벗어나자며 독립을 외치는 목소리가 커졌지.

"유럽 놈들을 몰아내고 우리의 나라를 세우자!"
오랫동안 유럽의 침략에 시달렸던 오스만 제국에서는 **무스타파 케말**이라는 장군이 활약해 유럽 세력을 몰아냈어. 무스타파 케말은 **튀르키예**를 세우고 첫 대통령이 됐지.

경제 위기가 전 세계를 덮치다

"이제는 미국이 대세! 미국 기업에 투자하면 큰 부자가 될 수 있을 거야."

한편, 미국 대도시에는 하늘을 찌를 듯 높은 빌딩이 줄줄이 세워졌어. 경제가 쑥쑥 자라자 회사도 덩치가 커졌고, 주식 가격도 많이 올랐지. 하지만 정작 열심히 일한 노동자들은 그리 많은 돈을 벌지 못했단다. 공장에서 우수수 생산된 물건은 언제부터인가 팔리지 않고 창고에 쌓이기 시작했어. 그러던 어느 날…!

> **주식**
> 회사에 돈을 투자한 사람의 몫을 알려주는 증명서야.

"뭐? 주식 가격이 반토막이 났다고?"

"회사가 하루아침에 망하다니, 이제 어쩌지?"

미국 경제에 위기가 닥쳤어! 회사들이 줄줄이 **망했고**, 회사에 돈을 빌려 준 은행들도 잇달아 **무너졌지.** 사람들은 졸지에 일자리를 잃고 거리로 쏟아져 나왔어.

미국에서 불붙은 경제 위기는 곧 세계 각지로 **화르륵** 번졌단다.

"아이고, 이제 겨우 먹고살 만한가 했더니…"

"은행이 망할 줄이야…"

"아이고 ㅠㅠ 거지 됐네…"

"왜 이렇게 됐지?"

"한 푼도 못 건졌네. 일단 나부터 살고 보자!"

독재 국가가 등장하다

경제 위기로 세계가 흔들리자, 혼란에 빠진 사회를 안정시키겠다며 **큰 소리를 떵떵** 치는 정치인이 여럿 등장했어.
"묻지도 따지지도 말고 국가의 명령에 절대 복종할 것! 그럼 위기를 이겨내고 세계 제일의 국가로 우뚝 설 수 있어!"
결국 유럽에는 독일의 **히틀러** 같은 독재자가 권력을 잡았지. 일본도 군인이 권력을 잡고 국민에게 복종을 강요하는 독재 국가가 되었어.

- 위대한 독일이여, 깨어나라!
- 로마 제국의 영광을 다시 한번!
- 이제 아시아는 우리 거! 크크큭!
- 우리 모두 잘 살게 해 준대!
- 우리 민족은 위대하다!

와아 와아 와아

역사반 자유 시간

어떻게든 목표만 달성하면 그만이라고 생각했는데, 이렇게 병이 날 줄이야!
혼란한 사회를 안정시킨다며 나타난 정치인들은 어떤 문제를 일으켰을까?

3. 세계를 뒤흔든 제2차 세계 대전

노르망디 상륙작전
제2차 세계 대전 막바지, 연합군은 프랑스의 노르망디에서 독일군에게 결정적인 승리를 거두었어!

드디어 반격이다!

으아, 긴장돼!

독재 국가가 침략 전쟁을 벌이다

독재자들은 이웃 나라를 침략해 경제 위기에서 벗어나려고 했어.
독일의 히틀러는 영토를 **야금야금** 넓히다가
프랑스를 공격해 순식간에 **꿀꺽** 집어삼켰지.
그리고 뒤이어 바다 건너 영국, 거대한 소련 땅까지 정복하려 했어.
영국과 소련은 독일의 공격을 간신히 버텼지만 큰 피해를 입었지.

"아이고, 대체 독일을 어떻게 막지?"   "어떻게든 끝까지 버텨야 해!"

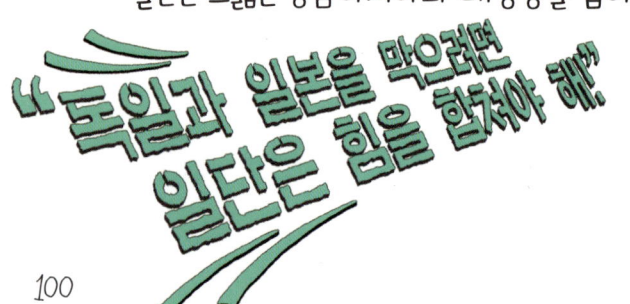

"으하하, 머지않아 전 세계가 우리 앞에 무릎을 꿇을 것이다!"

아시아에서는 일본이 중국을 침략하며 **전쟁**을 시작했어.
일본은 드넓은 동남아시아와 태평양을 집어삼키려는 욕심에 **미국**까지 공격했지.
영국과 미국은 그다지 사이가 좋지 않았던 소련과 손을 잡았어. 독일과 일본을 막기 위해 전 세계가 힘을 합쳐 **연합군**을 만든 거야.

"독일과 일본을 막으려면 일단은 힘을 합쳐야 해."

전 세계가 힘을 합쳐 전쟁을 끝내다

연합군의 **반격에** 독일과 일본은 기세가 꺾였어. 독일은 소련 침략에 실패했고, 일본은 막강한 미국에 밀려 궁지에 몰렸지. 결국 히틀러는 스스로 목숨을 끊었고 독일은 항복했단다. 일본이 전쟁을 멈추지 않자, 미국은 일본에 **원자 폭탄**을 떨어트렸어.

"항복! 무조건 항복입니다. 더는 못 싸웁니다!"

강력한 원자 폭탄의 위력에 일본도 두 손을 **번쩍** 들었어. 이로써 제2차 세계 대전은 막을 내렸지.

너무나 끔찍했던 전쟁 범죄

제2차 세계 대전은 너무나도 끔찍했어. 전쟁터가 아닌 곳에서 목숨을 잃은 사람도 셀 수 없이 많았지.

유대인
유대교를 믿는 민족이야. 오랫동안 탄압받으며 세계에 뿔뿔이 흩어져 살았지.

"유대인은 독일 민족의 적이다! 모든 유대인을 죽여야 한다!"

히틀러는 유대인을 끔찍이도 싫어해서 **이 세상 모든 유대인**을 죽이려 들었어. 그래서 전쟁 기간 동안 600만 명 넘는 유대인이 목숨을 잃었단다.

"중국 사람은 눈에 띄는 대로 모두 다 죽여라!"

일본은 중국인 수백만 명을 **마구잡이**로 죽였어.
중국 사람을 겁줘서 일본에 맞설 생각조차 못 하게 만들겠다는 이유였지.
일본은 우리나라를 비롯한 식민지 사람들을 **질질** 끌고 가 노예처럼 부려 먹고,
끔찍한 **인체 실험** 대상으로 삼기도 했단다.

전쟁 범죄를 재판하다

"죄 없는 사람을 죽이는 건 범죄입니다. 법의 심판을 받아야 해요!"

재판을 열어 독일과 일본을 심판해야 한다는 목소리가 커졌어.
그래서 전쟁이 끝난 뒤 **전쟁 범죄 재판**이 열렸지.
재판에서는 그동안 꽁꽁 숨겨져 있던 끔찍한 범죄가 속속 밝혀졌단다.
마침내 진실이 드러나자 전 세계 사람들은 충격으로 할 말을 잃었어.

국제 연합이 만들어지다

사람들은 전쟁이 얼마나 무서운지 알게 됐어. 그래서 모두 평화를 간절히 바랐지.

"세계 모든 나라가 회의에 참석해 대화로 평화를 지켜 나가가도록 합시다."

그 결과 세계 여러 나라가 참여한 '**국제 연합**(UN)'이 탄생했어.
국제 연합은 **세계 평화**를 위해 요즘도 활발히 활동하고 있어. 경제적으로 도움이 필요한 나라는 적극적으로 돕고, 환경 오염을 막기 위해 지혜를 모으기도 하지.

세계 여러 나라가 독립하다

"평화는 무슨? 우리는 아직도 식민지인데?"

전쟁이 끝난 뒤, 세계 곳곳에서는 **독립 운동**이 더욱 거세졌어.
유럽 나라들도 힘이 빠진 탓에 더는 식민지를 다스리기 어려웠지.
그래서 **아프리카**, **동남아시아** 등 세계 곳곳에서 수많은 식민지가 독립했단다.
물론 **우리나라**도 꿈에 그리던 독립을 이루었지!

역사반 자유시간

> 네가 내 리본 밟아놓고 사과 안 했잖아!

> 그렇다고 내 펜을 몰래 가져가?

> 흥, 사과하기 전까지 너랑 말 안 할 거야!

> 누가 할 소릴!

> 누나들도 하다 형, 수재 형이랑 똑같구나?

> 뭐라고?

> 우리가 쟤네랑 똑같다니… 미안해, 선애야!

> 그래! 우린 싸우지 말고 대화로 풀자구!

> 크크, 작전 성공!

 **더 생각해 보기**

영심이랑은 앞으로 서로 불만이 있으면 싸우지 않고 대화하기로 했어!
전쟁이 끝난 뒤, 세계인은 평화를 지키기 위해 어떤 일을 했지?

왕수재의 정리왕!

1. 최초의 세계 대전

- 유럽의 여러 강대국들은 두 편으로 나뉘어 **동맹**을 맺고 대립함.
- 강대국 간의 다툼에 세계 여러 나라가 끼어들며 **제1차 세계 대전**이 발발함.
- 전쟁터에서 많은 군인들이 희생되었고 후방에서는 사람들이 **추위**와 **굶주림**에 시달림.

2. 세계가 혼란에 빠지다

- **레닌**의 사회주의 혁명이 성공하면서 러시아는 세계 최초의 사회주의 국가 **소련**이 됨.
- **미국**에서 경제 위기가 시작되어 전 세계로 번져 나감.
- **독일, 이탈리아, 일본**에서는 독재자와 군인들이 권력을 잡음.

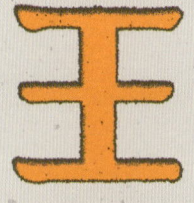

슈퍼 천재 왕수재가 1분 만에 정리해 줄게!

3. 세계를 뒤흔든 제2차 세계 대전

- 독재 국가들의 침략으로 전 세계가 **제2차 세계 대전**에 휘말림.
- 전쟁 중에 끔찍한 **전쟁범죄**가 일어나 죄 없는 사람들이 목숨을 잃음.
- 전쟁이 끝난 후 세계 평화를 지키기 위해 **국제 연합**이 만들어짐.

숨겨진 키워드를 찾아라

아래 힌트를 보고 답을 찾아봐!

🔍 키워드 찾기 힌트

1. 제1차 세계 대전은 '오○○○○'의 황태자가 암살되면서 시작되었어.
2. 전쟁에서 상대방의 공격을 피하기 위해 땅을 파서 만든 장소야. (참○)
3. 제2차 세계 대전을 일으킨 유럽 나라야. (독○)
4. 러시아에서 사회주의 혁명을 성공으로 이끈 인물이야. (레○)
5. 무스타파 케말이 유럽 세력을 몰아내고 세운 나라야. (터○)
6. 인도의 독립 운동가야. 비폭력주의로 유명하지. (간○)
7. '미○'에서 시작된 경제 위기는 전 세계로 번져 나갔어.
8. 제2차 세계 대전 동안 600만 명 넘는 '유○○'이 목숨을 잃었어.
9. 제2차 세계 대전에서 연합군은 프랑스의 '노○○○'에서 독일군에 결정적인 승리를 거두었어.
10. 국제 문제를 평화롭게 해결하기 위해 여러 국가들이 모여 만든 기구야. 영어로는 UN이라고 하지. (국○ ○○)

여기는 **제2차 세계 대전**이 한창인 유럽 어느 마을.
중요한 비밀 문서를 누군가가 빼돌렸어! 범인으로 의심이 가는 사람은 모두 다섯 명.
다행히 범인의 정체를 알아낼 수 있는 **암호 2개**와 **사진 2장**을 손에 넣었어.
암호와 사진을 보고 범인을 찾을 수 있도록 모두 도와줘!

4 현대 세계 질서가 세워지다

이번엔 우리가 살고 있는 세계가 만들어지는 과정을 살펴볼 거란다.
남한과 북한은 언제부터, 왜 둘로 나뉘어 으르렁대고 있는지,
또 중국과 일본은 어떻게 경제 강국이 되었는지 알 수 있을 거야.
그리고 앞으로 다가올 미래에 대해서도 생각해 보자꾸나.
흥미진진한 세계사 여행도 이젠 끝이네! 마지막까지 힘내서 고고!

미국과 소련의 냉전이 시작되다

유럽이 하나로 뭉치다

1. 냉전이 시작되다

대륙간 탄도 미사일
핵무기를 싣고 바다 건너 머나먼 나라까지 날아갈 수 있는 무시무시한 무기야!

콰 콰 쾅

위험! 미사일 발사 시험

우주선이다!

야, 저건 미사일이야!

저렇게 무시무시한 무기를 왜 만들었지?

지금부터 그 이유를 알아보자!

둘로 나뉜 세계

소련과 미국은 원래 사이가 좋지 않았어. 세계 대전 때문에 잠시 손을 잡은 것뿐이지. 그래서 전쟁이 끝난 이후 또다시 으르렁 대기 시작했단다.
전 세계는 **소련을 따르는 나라**와 **미국을 따르는 나라**로 갈라졌어.

"방심하다가는 언제 미국이 쳐들어올지 몰라!"

"소련 같은 사회주의 국가가 계속 늘어나게 할 수는 없지!"

당장 큰 전쟁이 터지진 않았지만, 금방이라도 전쟁이 날 듯 싸늘한 분위기가 이어졌어.
그래서 이 대결을 '**냉전**'이라고 불렀단다.

"여기 원래 내 자리거든?"

"야, 밀지 마!"

사회주의 국가가 된 중국

한편, 중국에서는 공산당이 활발히 활동하고 있었어.

세계 대전이 한창일 때 공산당은 일본을 물리치기 위해 잠시 중국 정부와 힘을 합쳤어. 하지만 전쟁이 끝나자 다시 중국을 차지하려 했지!

공산당: 사회주의 국가 건설을 목표로 삼은 정당을 말해.

처음에는 공산당이 불리했어. 하지만 **점점** 상황이 바뀌었지. 굶주림에 시달리던 수많은 중국 농민들이 공산당 편을 들었거든. 게다가 공산당 뒤에는 소련이라는 **든든한** 지원군까지 있었지. 결국 공산당이 승리하면서 중국은 사회주의 국가가 됐어.

"헉, 거대한 중국이 통째로 사회주의 국가가 되다니!"

미국은 깜짝 놀랐어. 이대로 가다간 다른 나라들도 **사회주의 국가**가 될 것 같았거든.

한국과 베트남에서 전쟁이 터지다

이때 한반도는 **남한과 북한**으로 갈라져 서로 **으르렁** 대고 있었어. 중국 공산당의 승리를 지켜본 북한은 남한을 공격해 전쟁을 일으켰지.

"남한을 사회주의 국가로 만들 수 있다!"

미국은 **국제 연합군**을 만들어 남한을 도왔고, 소련과 중국은 북한 편으로 전쟁에 뛰어들었어. 3년간의 전쟁 끝에 가까스로 휴전이 이뤄졌지만 수많은 사람이 죽었단다. 남한과 북한은 60년이 넘은 오늘날까지도 **둘로 갈라져 있어.**

> **휴전** 전쟁을 잠시 멈춘다는 뜻이야.

저 미국놈들 안 끼어드는 데가 없네!

시끄러워!

또 넘어 오기만 해봐! 그냥 콱!

사회주의? 어림도 없지!

아이고, 이젠 어떻게 사나…

동남아시아의 베트남에서도 전쟁이 터졌어.
베트남이 사회주의 국가가 되려는 걸 미국이 기를 쓰고 막으려 했거든.

"베트남에 있는 사회주의자들을 모두 패려잡아라!"

부아앙~ 콰쾅! 무차별 폭격이 쏟아졌지만 베트남의 저항은 정말 끈질겼어.
미국은 7년이나 전쟁을 벌인 끝에 물러날 수밖에 없었지.
그리고 베트남은 사회주의 국가가 되었단다.

미국과 소련의 무한 경쟁

이렇게 세계 곳곳에서 미국과 소련의 대결이 벌어졌어.
그런데 미국의 핵무기 때문에 소련은 아무래도 불안했지.

"우리도 미국만큼 핵무기를 만들어야 상대가 되겠어!"

소련은 핵무기를 만들고 바다 건너 미국까지 날아가는 미사일도 개발했어.
그러자 미국도 질세라 무시무시한 핵무기를 **더더욱 많이** 만들어냈지.
나중에는 지구를 **멸망시키고도 남을 만큼**의 핵무기가 **마구마구** 쌓였단다.

3, 2, 1... 발사!

와! 소련이 **인공위성** 발사에 성공했어.

인공위성
지구 둘레를 돌게끔 우주로 쏘아 올린 장치를 말해.

소련은 곧 **인간이 탄 우주선**까지 발사하며 우주 개발에서 미국을 크게 앞질렀지.

"흥! 그까짓 거!
우리 미국은 달에 사람을 보낼 거야!"

미국은 소련을 앞지르려고 우주 개발에 엄청난 돈을 쏟아 부었고, 정말로 소련보다 먼저 **달에 사람을 보냈어.** 두 나라는 지구 너머 우주에서까지 **무한 경쟁**을 벌였던 거야.

1969년
미국, 달 착륙 성공

미국도 소련도 다 싫어!

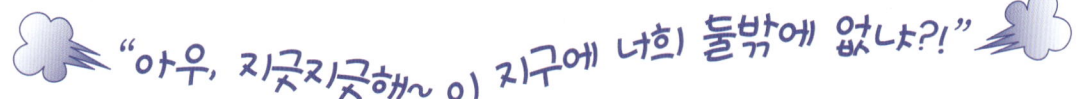

세계는 미국과 소련의 등쌀에 **진절머리**가 났어.
특히 막 독립을 이룬 서아시아, 동남아시아, 아프리카의 나라들은 미국과 소련 중
어느 편도 들지 않으려 했지. 그래서 이들은 '**제3세계**'로 불렸어.
제3세계에 속하는 나라들은 대부분 힘은 약해도 수는 매우 많았단다.
그래서 미국이나 소련도 이들을 우습게 볼 수가 없었지.

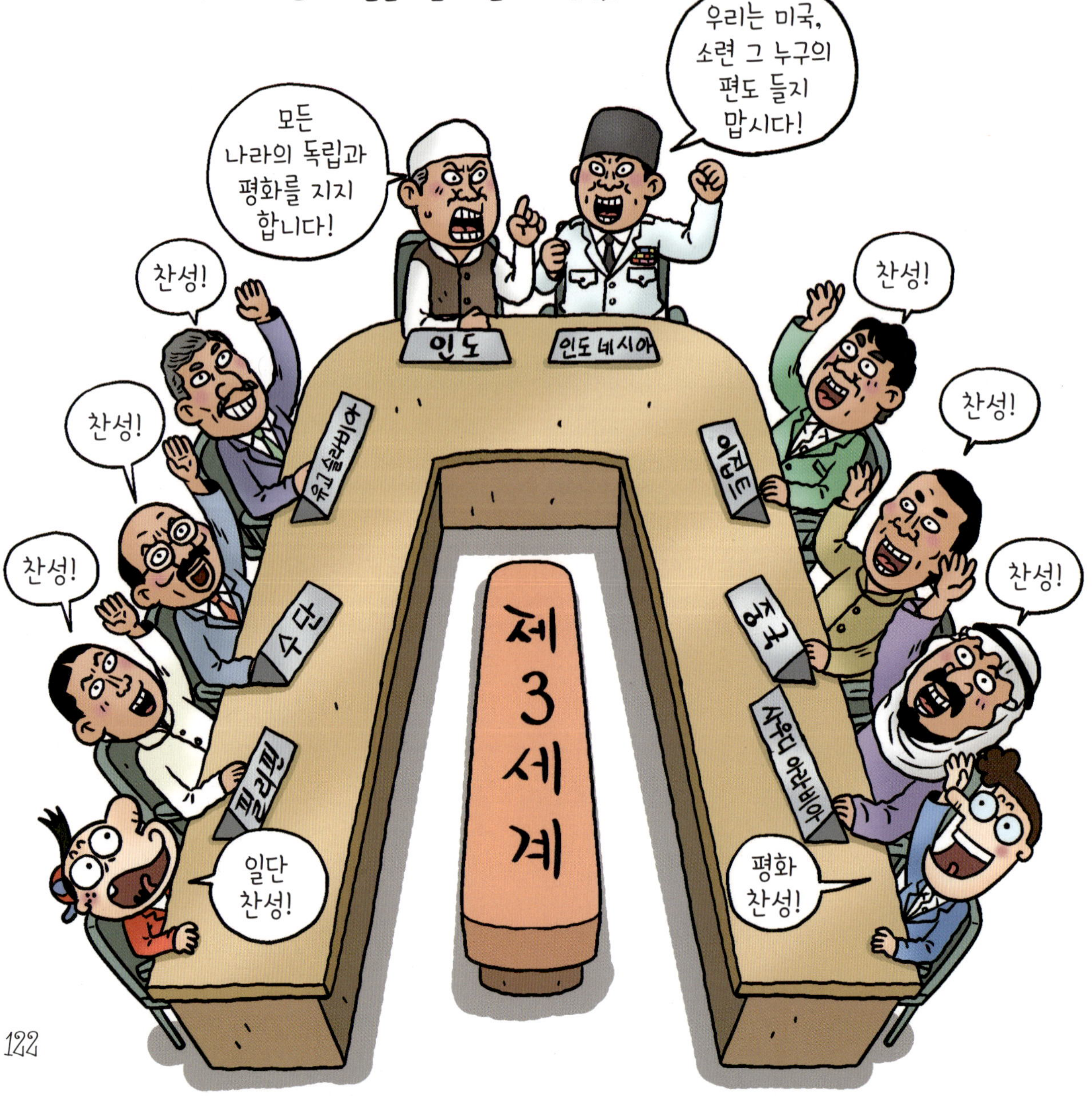

역사반 자유시간

얘들아, 안녕…?

너희들 정말 말 안 들을래?

됐어, 앞으로 너희랑 말 안 해!

하하, 얘들아, 그러지 말고 화해 하렴~

싫어요! 절대 안 할 거예요!

저도 안 해요!

정말 화해 안 해? 선생님 화낸다!

아니, 그게 아니라 사실은요…

Happy Birthday!!

짜잔! 선생님 생신 축하드려요!

깜짝 놀라셨죠?

아이고, 정말 다행이다!

 **더 생각해 보기**

휴, 아이들이 정말 냉전이라도 하는 줄 알고 깜짝 놀랐지 뭐람!
세계 여러 나라가 미국 편과 소련 편으로 갈라져서 싸움을 벌였지?
그리고 어떤 일이 벌어졌더라?

유럽이 통합에 나서다

"언제까지 미국에 끌려다닐 겁니까? 우리도 뭉쳐서 잘 살아봅시다!"

유럽 여러 나라는 평화와 경제 성장을 위해 **힘을 합치기로** 했어. 필요한 자원은 서로서로 나눠 쓰고, 국경을 없애서 사람과 물건이 **자유롭게 오고 갈 수 있도록** 했지. 그 덕에 유럽 경제는 빠르게 성장했어. 그러자 점점 더 많은 나라가 참여해서 마침내 **유럽 연합(EU)**이 탄생했단다.

★★★★★★★★★★★

화해 분위기가 무르익다

세계적으로도 **경제가 빠르게 성장하고** 사회는 안정됐어. 먹고 살 걱정도 훨씬 줄어들고 영화와 드라마 같은 **대중문화**도 발전했지. 이제 사람들은 **평화와 자유**가 무엇보다 중요하다고 생각하게 됐어. 그래서 모든 전쟁과 대립을 멈추라고 소리 높여 외쳤단다.

♪ *"전쟁 no!* ♪ *평화 yes!* *완전한 자유!"* ♪

때마침 미국과 소련도
냉전에 지쳐가고 있었어.
무기 개발에 낭비하는 돈도 **어마어마** 했지.

*"아이고, 이러다
나라 살림 거덜나겠다!"*   *"우리도
마찬가지야~"*

결국 미국과 소련은 핵무기 생산을 줄이기로 했어. 뒤이어 미국은 중국과 화해했지.
중국은 화해의 의미로 미국에 귀여운 **팬더**를 선물했단다.
평화를 바라는 **탁구 경기**도 열렸어.
이렇게 전 세계에 따뜻한 **화해의 바람**이 불어오고 있었지.

또다시 닥친 경제 위기

하지만 서아시아에서는 여전히 분위기가 험악했어.
미국이 서아시아의 **풍부한 석유**를 노리고 자꾸 이 일 저 일에 끼어들어서
서아시아 국가들이 **머리끝까지 화가 났거든.**

"에라이 복수다! 미국이랑 친한 나라들한테는 석유 안 팔아!"

석유가 모자라니까 자동차는 달리지 못하고
공장도 멈춰 버렸어.
미국 경제는 **휘청휘청** 거렸고,
다른 나라에도 **경제 위기**가 닥쳤지.

신자유주의 열풍이 불다

경제 위기를 극복하기 위해 **신자유주의**라는 해결책이 등장했어.

*"기업이든 사람이든 자유롭게 경쟁하게 놔둬라!
그럼 경제 위기는 알아서 해결된다!"*

경제 위기에 **쩔쩔매던** 여러 나라는 신자유주의를 적극적으로 받아들였어. 정부는 규제를 **확** 줄이고 기업이 자유롭게 활동할 수 있도록 해 주었지. 그러자 시간이 지나면서 경제가 점점 **되살아나기 시작했어!**

> **규제**
> 정해진 한도를 넘지 못하도록 막아 놓은 규칙이나 규정을 말해.

하지만 신자유주의에는 **큰 문제**가 하나 있었어.
기업들이 이득을 늘리려고 노동자들에게 **주는 돈을 줄**이거나 **합부로 내쫓았거든.**
실업자는 점점 늘어났고, 빈부 격차도 점점 심해졌지.

> **빈부 격차**
> 가난한 사람과 부유한 사람의 재산 격차를 말해.

"우리 어찌 살라고! 다 죽게 생겼다!" 노동자들은 파업을 벌이며 반대했지만 소용이 없었어.
신자유주의가 가져온 문제들은 여전히 풀리지 않고 있단다.

소련에 위기가 닥치다

한편, 소련 경제에도 큰 문제가 있었어.
소련에서는 내가 아무리 열심히 일을 해도 **부자가 될 수 없었거든.**
사회주의 국가에서는 모두가 벌어들인 돈을 **평등**하게 나눠 갖기 때문이지.

"열심히 일할 필요가 뭐 있냐~ 그런다고 부자 되는 것도 아니고~"

사람들은 게으름을 피우기 일쑤였어. 당연히 경제가 잘 돌아갈 리 없지.
그 와중에 미국과의 **무기 개발 경쟁**에 돈을 **마구마구** 쏟아 부었으니
경제가 더욱 어려워질 수밖에!

사회주의가 무너지다

"이대로는 안 되겠다! 더 늦기 전에 개혁을 시작해야 해!"

두둥~ 결국 소련은 사회주의를 포기했어.
세계에서 가장 큰 **사회주의 국가가 없어질 거야!**
지금까지 소련 편이었던 여러 사회주의 국가들이 잇달아 개혁에 나섰고,
냉전은 자연스럽게 **막을 내렸단다.** 이때 우리처럼 반으로 갈라져 있던 독일은
통일을 이루었지.

역사반 자유 시간

더 생각해 보기

쩝! 물을 독점해서 좀 편해 보려고 했는데 잘 안 됐네.
서아시아의 나라들도 석유를 이용해서 다른 나라들을 곤란하게 했는데, 어떤 일이 일어났지?

_____

_____

세계 경찰이 된 미국

냉전이 끝난 뒤 미국은 **세계 최고**의 강대국이 되었어.
전 세계 어디든 나쁜 짓을 하는 국가가 있으면 **짜잔!** 달려갔지.
미국은 마치 전 세계의 **경찰** 같았어.
"이제 세계 평화는 우리가 지킨다!"
그런데 사실 미국이 **여기저기** 나서는 걸 못마땅해하는 나라도 많았단다.
"아니, 누가 우리 일에 끼어들라고 했어? 참나."

놀랍게 성장하는 아시아

한편 아시아는 놀라운 속도로 경제 성장을 해나갔어. 특히 **일본**은 뛰어난 기술력으로 품질 좋은 제품을 많이 만들어 수출한 덕택에 **세계적인 부자** 나라가 됐지.

"흥! 우리도 일본처럼 할 수 있다고!"

우리나라와 **타이완**도 일본의 뒤를 쫓아 눈부신 성장을 이뤘어. 하지만 노동자들은 적은 임금을 받고 오랜 시간 동안 고생하며 눈물을 흘렸지!

중국도 사회주의를 잠시 미뤄 두고 경제 개발에 앞장섰어.
중국은 땅이 매우 넓고 사람도 많은 나라야.
그래서 세상 온갖 물건을 **아주아주** 많이 만들어
수출했지. 중국이 어찌나 물건을 많이 만들었는지, **'세계의 공장'**이라고
불릴 정도였단다. 경제도 놀랍게 성장해서
세계 1, 2위를 다투는 **경제 강국**이 됐지.
하지만 사실 부자가 된 중국 사람은 극히 일부에 불과했어.
게다가 공장에서 내보내는 **연기와 폐수**로 환경도 크게 오염됐지.

세계화 시대가 시작되다

한편 과학 기술이 발달하면서 세계는 많이 변했어. 지구 반대편까지도 순식간에 소식이 오갔고, 많은 배와 비행기가 세계 곳곳을 슝슝 누비며 사람과 짐을 실어 날랐지.

"이 배는 유럽으로 가는 겁니다."
"이 비행기는 미국으로 가는 거예요!"

이제는 **유럽**에 있는 회사가 **아프리카**에서 물건을 사서 **아시아**에 파는 광경도 흔히 볼 수 있어.
또 미국에서 만든 **인기 영화**를 전 세계인이 같은 날에 보고, 우리나라의 아이돌 가수나 드라마가 인터넷을 통해 **세계적인 인기**를 얻기도 하지.
이제는 국경을 넘어 전 세계 사람들이 **하나의 세상**에서 살아가고 있는 거야.
그래서 오늘날을 '**세계화 시대**'라고 부르기도 한단다.
그런데 세계화 시대가 됐다고 해서 평화가 찾아온 것만은 아니야.

하나뿐인 지구를 위한 노력

환경문제도 정말 심각해. 인류가 그동안 자연을 닥치는 대로 파괴한 탓에 수많은 동물과 식물이 사라질 위기에 놓여 있지.
그리고 지구가 점점 따뜻해지는 지구 온난화 현상으로 갑작스런 추위나 더위 같은 이상 기후도 점점 잦아지고 있어.
이러다가 미래에는 지구에 사람이 살기 어려워질지도 모를 일이란다.
그걸 막으려면 우리 모두 환경 보호를 위해 힘을 합쳐야 해.
아주 작은 힘이라도 말이야. 할 수 있지?

이런이런~ 너무 무서운 말만 했나? 하지만 너무 걱정할 필요는 없어.
아주 먼 옛날 처음 문명이 탄생했을 때부터 오늘날까지, 우리 인류는 항상 해결하기 어려운 문제에 맞서 머리를 맞대고 고민해 왔잖니!
앞으로도 우리 모두 **지혜**를 합친다면 어떤 문제든 **반드시** 해결할 수 있을 거야.
바로 그런 지혜를 얻기 위해 **역사**를 공부하는 거 아닐까?
흐흐, 선생님은 아직도 할 얘기가 많으니까 언제든 찾아오렴!

역사반 문은 언제나 활짝 열려 있으니까 말이야!

역사반 자유시간

길고 긴 세계사 여행이 끝났어!
너희들은 지금까지 어떤 순간이 가장 인상 깊었니?
그리고 다시 여행하고 싶은 곳은 어디야?

더 생각해 보기

왕수재의 정리왕!

1. 냉전이 시작되다

- 전 세계가 **미국**과 **소련** 편으로 나뉘어 대립하는 냉전이 시작됨.
- 중국은 사회주의 국가가 되고, **한국 전쟁**과 **베트남 전쟁**이 터짐.
- 미국과 소련 어느 편도 들지 않으려는 **제3세계**가 생겨남.

2. 사회주의가 무너지다

- 유럽 여러 나라는 하나로 뭉쳐 **유럽 연합**을 만듦.
- 사회가 안정되며 전 세계적으로 평화의 분위기가 퍼져 나감.
- 경제 위기를 극복하기 위해 **신자유주의**가 등장함.
- 소련이 사회주의를 포기하며 사라지고, 냉전은 자연스레 막을 내림.

3. 새로운 세계 질서가 세워지다

- 미국은 **세계의 경찰**처럼 전 세계 곳곳의 일에 끼어듦.
- 아시아의 국가들은 경제적으로 크게 성장함. 그러나 환경문제 등 여러 문제가 생김.
- 전 세계가 하나의 동네처럼 서로 영향을 주고받는 **세계화 시대**가 됨.

슈퍼 천재 왕수재가 1분 만에 정리해 줄게!

숨겨진 키워드를 찾아라

아래 힌트를 보고 답을 찾아봐!

🔍 키워드 찾기 힌트

1. 전 세계가 미국과 소련을 따라 둘로 나뉘어 대립하는 '냉○' 상태가 이어졌어.

2. 미국은 사회주의가 퍼지는 것을 막으려고 '베○○'에서 전쟁을 벌였지만 결국 물러났어.

3. 미국과 소련은 '핵○○'를 경쟁적으로 만들어내며 전 세계를 공포로 몰아넣었어.

4. 공동의 발전을 위해 유럽 국가들이 모여 만든 모임이야. (유○ ○○)

5. 서아시아 국가들은 미국에 화가 나서 '석○'를 팔지 않겠다고 했어. 그 결과 경제 위기가 시작됐지.

6. 정부가 규제를 풀고 기업이 자유롭게 활동하게 하자는 주장이야. (신○○○○)

7. 러시아 혁명으로 탄생한 세계 최초의 사회주의 국가야. 지금은 없어졌지. (소○)

8. 온갖 물건을 만들어 수출하면서 '세계의 공장'이라는 별명을 얻은 나라야. (○국)

9. 지금은 전 세계의 나라가 하나의 동네처럼 영향을 주고받는 '세○○' 시대야.

10. 미국에 불만을 품은 이슬람 단체가 미국에서 끔찍한 '테○'를 저질렀어.

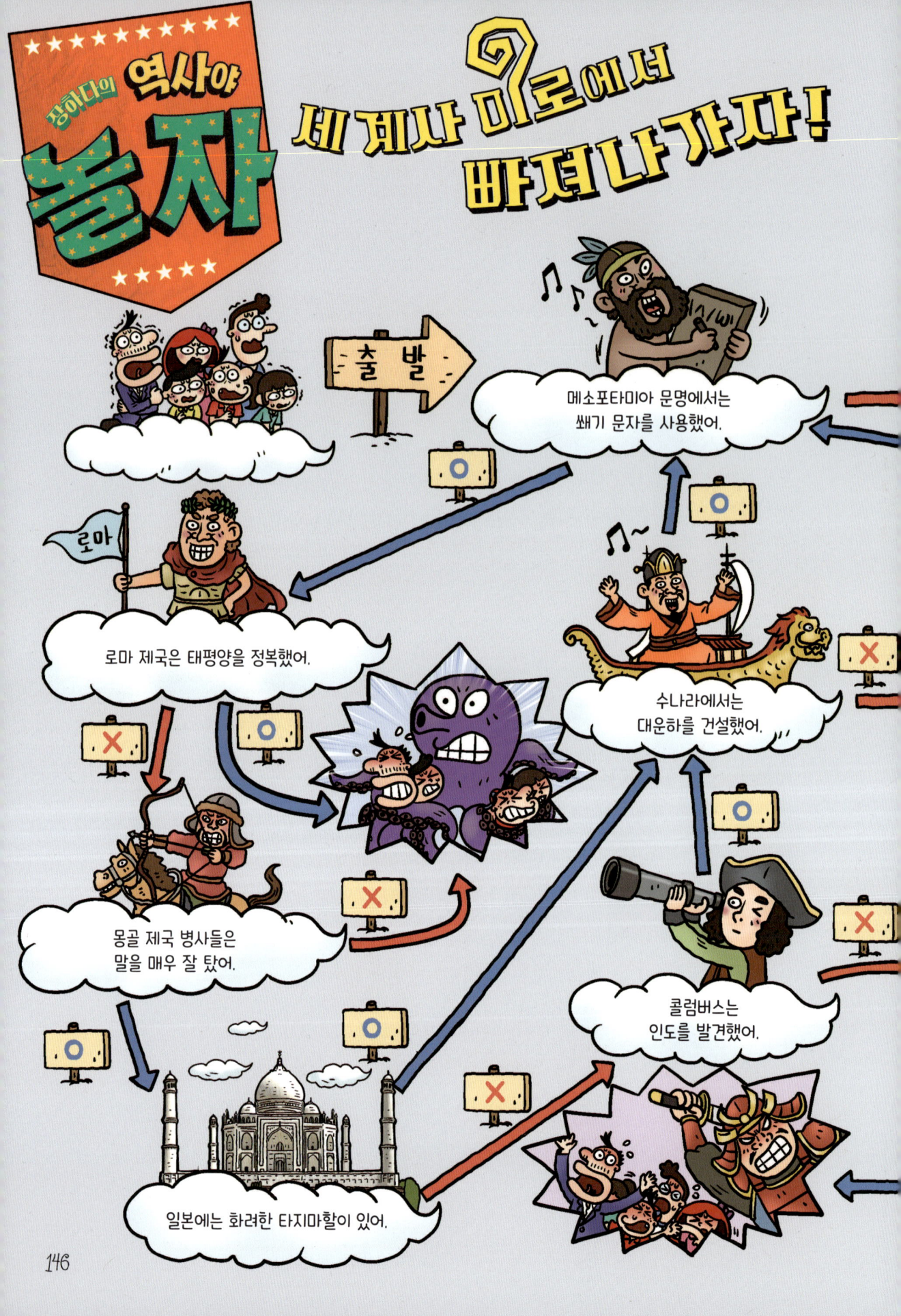

더 생각해 보기

1-1 세계를 뒤바꾼 산업 혁명

산업 혁명이 시작되면서 사람이 할 일을 기계가 대신하자 세상의 모습도 많이 변했지. 어떻게 변했더라?

기계가 사람을 대신하게 되면서 무엇보다도 일의 속도가 엄청 빨라졌어. 예전에는 옷감 하나를 만들어도 사람이 일일이 손으로 짜야 했지만, 이제는 기계를 이용해 빠르고 좋은 품질로 만들어낼 수 있게 되었지. 또 증기 기관을 이용한 철도와 배를 이용해 그렇게 만든 물건을 다른 곳으로 빠르게 운반할 수 있었어. 덕분에 유럽의 산업은 눈부시게 발전할 수 있었단다.

1-2 미국의 탄생과 프랑스 혁명

프랑스 국민은 똘똘 뭉쳐서 혁명을 일으켰어. 그 이유가 무엇이었지?

프랑스의 왕과 귀족들은 평민에게만 무거운 세금을 매기고 매일 사치를 누렸어. 반면에 평민들은 하루하루 끼니를 해결하기조차 어려워 굶어 죽을 지경이었지. 게다가 이런 어려움을 지배층에게 호소해도 전혀 들어주지 않았어. 결국 참다못한 평민들은 무기를 들고 일어나 왕과 귀족을 몰아내고, 귀족과 평민의 구분을 없애는 개혁을 실시했단다.

1-3 같은 민족끼리 나라를 만들다

역사적으로 국민들이 하나로 똘똘 뭉친 나라는 큰 힘을 발휘했어. 그런데 국민들을 하나로 뭉치게 하는 힘은 과연 무엇이었을까?

유럽 각 나라의 국민들을 하나로 뭉치게 한 건 '민족주의'야. 같은 민족끼리 똘똘 뭉쳐 힘을 모으면 강한 나라를 만들 수 있다는 생각이지. 민족주의가 퍼지면서 그리스처럼 그동안 다른 나라의 지배를 받았던 민족은 독립을 이루었어. 또 독일과 이탈리아처럼 통일된 나라를 이루지 못하고 갈라져 있던 민족들은 통일된 나라를 만들 수 있었단다.

숨겨진 키워드 정답

 정답

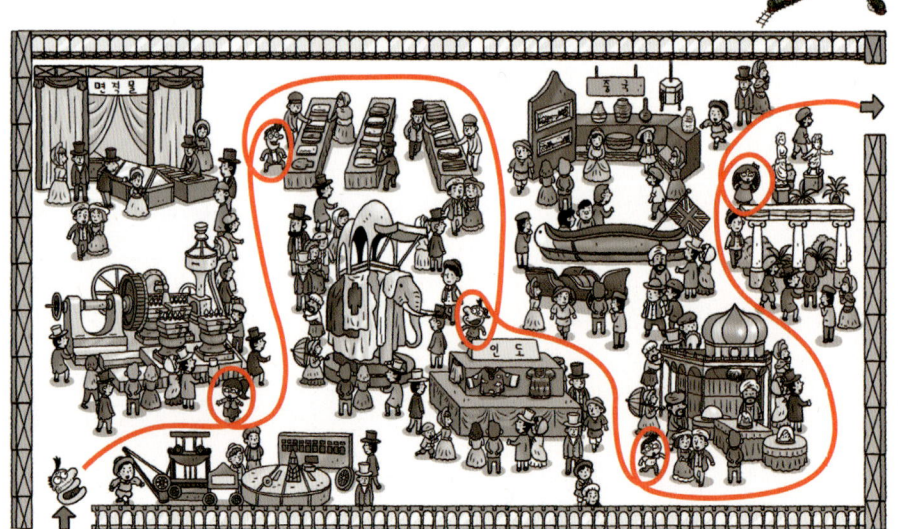

더 생각해 보기

2·1 유럽이 세계를 집어삼키다

제국주의 시대 여러 유럽 나라들은 세계 곳곳을 자기들 맘대로 갈라 먹었어! 그래서 어떤 일이 생겼는지 알고 있니?

유럽 여러 나라는 산업 혁명을 거치며 많은 돈을 벌었고, 놀라운 성능의 신무기도 많이 발명했어. 그래서 힘을 앞세워 세계 곳곳에 식민지를 건설할 수 있었지. 유럽인은 식민지의 원주민을 노예처럼 부리면서 귀금속을 캐내는 등 여러 방법으로 이득을 얻으려 했단다. 그래서 수많은 식민지 사람들이 고통에 시달렸지.

2·2 유럽에 무릎을 꿇은 중국

청나라 사람들이 이것에 중독되는 바람에 나라가 엉망이 되었어. 청나라 사람들이 중독된 것은 무엇이고, 어떤 일이 벌어졌을까?

청나라 사람들이 중독된 것은 바로 '아편'이었어. 아편 중독자가 급격히 늘어나면서 사회가 혼란해지고 아편을 사느라 돈도 많이 썼지. 보다 못한 청나라 정부는 아편이 들어오는 항구에 관리를 파견해 아편을 단속했어. 아편을 사는 사람과 파는 사람 모두 무거운 벌에 처하고, 아편 상자를 통째로 버리거나 모래를 부어 못쓰게 만들어 버렸단다.

2·3 새로운 강자가 된 일본

일본도 미국과 불평등한 조약을 맺었지? 그리고 일본이 어떻게 됐더라?

일본이 미국과 불평등한 조약을 맺자 많은 무사들이 정부가 무능하다며 비난했어. 이들은 일본을 다시 강하게 만들자며 천황을 모시는 새 정부를 세우고 개혁을 시작했지. 서양의 제도와 문물을 가져와 일본의 제도와 문물을 완전히 바꾸고, 일상생활에서도 머리를 자르고 서양식 옷을 입는 등의 변화가 이어졌어. 그렇게 일본 사회는 서양식으로 새롭게 태어났단다.

더 생각해 보기

3-1 최초의 세계 대전

유럽의 여러 나라도 무작정 다른 나라 편을 들었다가 결국 큰 전쟁을 벌였지? 혹시 그 나라들이 왜 그랬는지 기억나니?

유럽의 여러 나라들은 두 편으로 나뉘어 동맹을 맺었어. 오스트리아와 독일이 동맹, 러시아, 영국, 프랑스가 동맹이었지. 이들은 동맹국이 전쟁에 뛰어들자 무작정 동맹국 편을 들고 나섰어. 동맹만 믿고 자기 나라가 쉽게 이길 거라 생각한 거지. 그러다가 결국 세계가 끔찍한 전쟁에 휘말린 거란다. 동맹이라고 해서 앞뒤 가리지 않고 무작정 편을 든 대가를 치른 셈이야.

3-2 세계가 혼란에 빠지다

혼란한 사회를 안정시킨다며 나타난 정치인들은 어떤 문제를 일으켰을까?

독일의 히틀러는 경제 위기와 혼란을 극복하고 다시 강한 나라를 만들겠다고 해서 국민들에게 큰 지지를 받았어. 하지만 그러기 위해서는 모두가 국가의 명령에 절대복종해야 한다고 주장하며 독재를 시작했지. 또 이들은 이웃 나라를 침략해 경제 위기에서 벗어나려 했어. 그래서 제2차 세계 대전이 일어났던 거야.

3-3 세계를 뒤흔든 제2차 세계 대전

전쟁이 끝난 뒤, 세계인은 평화를 지키기 위해 어떤 일을 했지?

두 번의 세계 대전을 겪으며 전 세계인들은 전쟁의 끔찍함에 몸서리쳤어. 그래서 앞으로는 나라 간 문제가 생겼을 때 싸우는 대신 다 같이 모여서 평화적으로 의논하며 해결하기로 했지. 그래서 '국제 연합(UN)'이라는 단체가 탄생했어. 국제 연합은 오늘날까지도 정기적으로 모여 나라 간 분쟁이나 국제 문제를 해결하기 위해 함께 논의하고 있단다.

🌟 더 생각해 보기

4-1 냉전이 시작되다

세계 여러 나라가 미국 편과 소련 편으로 갈라져서 싸움을 벌였지? 그리고 어떤 일이 벌어졌더라?

제2차 세계 대전이 끝난 이후 전 세계는 미국과 소련을 따라 두 편으로 나뉘었어. 이들은 서로를 비난하며 상대편 국가들과는 교류도, 대화도 전혀 하지 않았지. 그리고 한국과 베트남에서는 큰 전쟁이 터져서 수많은 사람이 목숨을 잃기도 했어. 그 이후에도 미국과 소련은 서로를 이기기 위해 무시무시한 핵무기를 마구 만들어 내며 전 세계를 공포에 빠뜨렸단다.

4-2 사회주의가 무너지다

서아시아의 나라들은 석유를 이용해서 다른 나라들을 곤란하게 했어. 그래서 어떤 일이 일어났지?

서아시아의 나라들은 자기들 일에 자꾸 끼어드는 미국에 화가 났어. 그래서 석유가 서아시아에서 가장 많이 난다는 사실을 이용하기로 했지. 미국이랑 친한 나라들에게는 석유 값을 확 올려 버리고, 아주 적은 양만 팔기 시작한 거야. 갑자기 석유가 모자라게 되니까 자동차도 달릴 수 없고 공장도 돌아갈 수 없었어. 결국 미국 경제는 큰 타격을 입었고 곧 다른 나라에도 경제 위기가 닥쳤단다.

4-3 새로운 세계 질서가 세워지다

너희들은 지금까지 어디가 가장 인상 깊었니? 그리고 다시 여행하고 싶은 곳은 어디야?

선생님은 당나라의 수도였던 국제도시 장안이 가장 인상 깊었어. 그 먼 옛날 중국에 다양한 피부색을 가진 사람이 오가고, 심지어 교회까지 있었다는 게 신기했거든. 그래서 다시 여행해 보고 싶은 곳도 중국이야. 땅도 넓고 사람도 많으니 아직도 경험해 보지 못한 재미난 이야기들이 많이 남아 있을 것 같아. 너희는 어때?

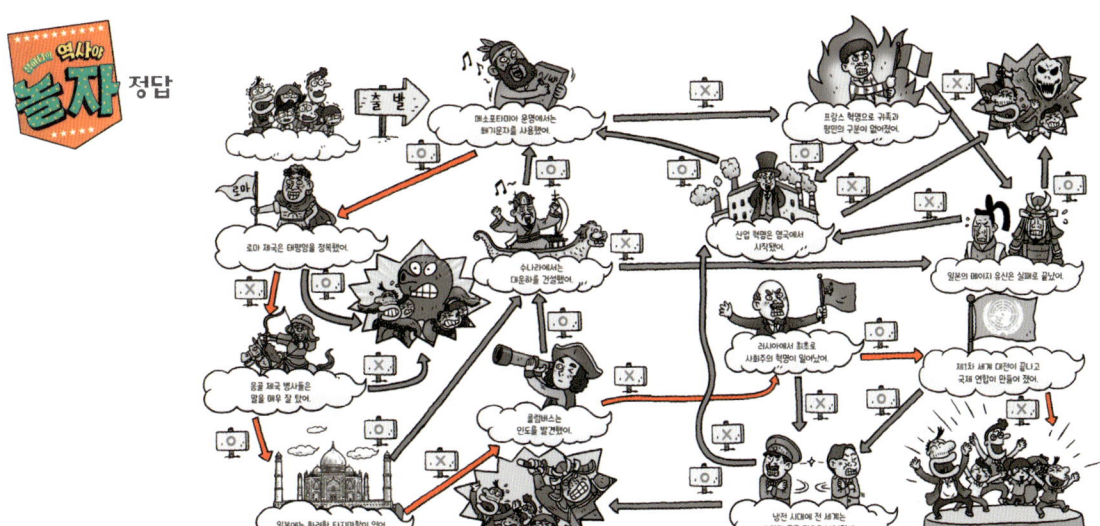

〈사진 제공〉
8p 셔터스톡, 10p William M. Connolley/위키피디아, 18p 셔터스톡, 52p 셔터스톡, 88p 셔터스톡, 124p McCanner/Alamy Stock Photo/북앤포토, 134p 연합뉴스

※ 퍼블릭 도메인은 따로 표기하지 않았습니다.

용선생 처음 세계사 2 : 산업 혁명~현대

1판 1쇄 발행 2019년 7월 12일
1판 9쇄 발행 2025년 6월 23일

글 사회평론 역사연구소
그림 뭉선생, 윤효식
캐릭터 이우일
어린이사업본부 이승필
편집 송용운, 김언진, 김형겸, 오영인, 윤선아, 남소영, 양지원
마케팅 윤영채, 정하연, 안은지, 박찬수
경영지원 나연희, 주광근, 오민정, 정민희, 김수아, 김승현
디자인 톡톡
사진 북앤포토

펴낸이 윤철호
펴낸곳 ㈜사회평론
전화 02-326-1182
팩스 02-326-1626
주소 03993 서울시 마포구 월드컵북로6길 56 사평빌딩
용선생 클래스 yongclass.com
출판등록 1993년 10월 6일 제10-876호

© 사회평론, 2019
ISBN 979-11-6273-053-9 77900

• 이 책 내용의 일부나 전부를 다시 사용하려면 저작권자와 사회평론의 동의를 받아야 합니다.
• 잘못 만들어진 책은 구입하신 곳에서 바꾸어 드립니다.

KC마크는 이 제품이 공통안전기준에 적합하였음을 의미합니다.
아이들이 책의 모서리에 다치지 않게 주의하세요.
종이에 손을 베지 않도록 주의하세요.

• 이 책에 쓴 사진은 해당 사진을 보유하고 있는 단체와 저작권자의 허락을 받아 게재한 것입니다. 저작권자를 찾지 못하여 게재 허락을 받지 못한 사진은 저작권자를 확인하는 대로 게재 허락을 받고, 출판사 통상 기준에 따라 사용료를 지불하겠습니다.

★ 마법 연표에 붙여 보세요!

쐐기문자 알렉산드로스 바이킹 일본 귀족과 무사

타지마할 나폴레옹 독일 통일 소련 해체

★ 가위로 잘라 자유롭게 붙여 보세요!

《용선생 처음 세계사》 2권